Quem Mexeu No Meu Emprego?

Quem Mexeu No Meu Emprego?

Mark Kobayashi-Hillary
e
Angélica Mari

www.lulu.com
2009

Capa

Zootz Comunicação, Fábio Messias

www.zootz.com.br

Kobayashi Hillary, Mark, 1970-

Mari, Angélica, 1980-

Quem Mexeu No Meu Emprego?/ Mark Kobayashi-Hillary e Angélica Mari; tradução de Angélica Mari – Londres, Reino Unido, 2009

ISBN 978-1-4452-3125-9

Mark dedica este livro a duas gerações de sua família: seu avô, John Jenkinson (1922-2008) e ao seu sobrinho, Lewis Hillary.

John deixou a Irlanda para procurar emprego na Inglaterra nos anos 50 e nunca mais retornou. Ele honrou a tradição do imigrante operário irlandês.

Salve, vovô!

Angélica dedica este livro a sua mãe, Izilda Mari, a sua avó, Alzira Frade Mari e a sua mais antiga amizade, Tatiane Mantovani.

Sumário

Os autores

Mark Kobayashi-Hillary é o fundador da rede internacional de pequenos negócios Peerpex.com. Autor e blogger inglês estabelecido, Mark escreveu vários livros especializados em terceirização, mudança corporativa e globalização, incluindo:

- *Outsourcing to India: The Offshore Advantage* (Springer 2004, 2nd ed. 2005)
- *Global Services: Moving to a Level Playing Field* (BCS 2007, co-written with Dr Richard Sykes)
- *Building a Future with BRICs: The Next Decade for Offshoring* (Springer 2007)
- *The Outsourcing Yearbook* (VNU Incisive 2007)
- *Talking Outsourcing* (Lulu 2009)

Mark escreve regularmente para publicações de tecnologia corporativa, incluindo *Computing* e *silicon.com*. Ele faz parte da diretoria da Associação Nacional de Terceirização do Reino Unido, do grupo ELITE da Sociedade Britânica de Informática e também da Associação Africana de Terceirização, uma organização que ele ajudou a desenvolver juntamente com as Nações Unidas em 2008.

Ele também é professor do curso de MBA da South Bank University em Londres, lecionando matérias relacionadas a estrutura corporativa, terceirização e globalização.

www.markhillary.com

Angélica Mari é uma jornalista ítalo-brasileira, especializada na área de economia. Tendo iniciado sua vida profissional aos 15 anos de idade como instrutora de informática, ela começou sua carreira em jornalismo no final dos anos 90 e passou por várias publicações da área de TI no Brasil.

Em 2002, em meio a instabilidade econômica do Brasil de Fernando Henrique Cardoso, Angélica emigrou para Londres em busca de melhores oportunidades. Atualmente, ela é repórter sênior da Computing, a principal revista de tecnologia corporativa do Reino Unido, onde também lidera campanhas editoriais sobre temas ligados a liderança e gestão.

Angélica também colabora frequentemente para revistas e jornais na Europa e Brasil com artigos sobre TI, gestão e mudança corporativa, energia renovável e temas sociais.

http://uk.linkedin.com/in/angelicamari

Prefácio e agradecimentos

Apesar de sua apresentação aparentemente cartunesca, *Quem Mexeu No Meu Emprego?* é uma breve estória que tem como principal objetivo ilustrar conceitos fundamentais sobre mudanças em carreiras, imigração e terceirização e estimular o debate sobre estes temas de uma forma acessível.

Fatores como mudanças macroeconômicas, assim como avanços tecnológicos e uma crescente inclinação a indústria de serviços mudou toda e qualquer profissão. Empresas hoje estão estruturadas de uma forma diferente do modelo do passado e isso afeta a todos nós.

Ao invés de escrever um longo e detalhado estudo sobre este fenômeno, achamos que uma estória sobre cães seria mais eficiente para o propósito – um estudo detalhado pode ser mais apropriado dentro do meio acadêmico, mas dificilmente encorajaria o debate público.

Saberemos que tivemos sucesso em nosso desafio se os tópicos relacionados a terceirização, imigração e as exigências de uma educação permanente passarem a estar interligados no debate público. Estes assuntos precisam estar conectados quando as pessoas começam a questionar o impacto futuro e presente da globalização dos serviços – e como isso afeta os empregos delas.

Sociedades maduras e também aquelas em crescimento acelerado precisam entender que a situação neste século realmente vai ser diferente. O aumento desenfreado no preço global do petróleo (e dos alimentos) é uma consequência óbvia do rápido desenvolvimento da Ásia, da China em particular.

A adoção global da internet nos anos 90 criou uma rede mundial de informação, que mudou para sempre a forma como as pessoas trabalham. Estamos definitivamente vivendo um período de revolução industrial em todos os tipos de serviços. Mudanças reais estão em andamento em vários setores da indústria e isto está criando imensas oportunidades para países como o Brasil.

No Reino Unido, por exemplo, a miragem jornalística de que "empregos estão sendo despachados para a Índia" ainda aparece a cada vez que uma corporação inaugura uma nova equipe ou mesmo um escritório na Ásia. Ainda assim, o debate é mais complexo do que as persistentes opiniões que os jornais indicam sobre mão-de-obra barata.

No Brasil, o debate sobre temas como a terceirização transnacionalizada, ações governamentais adotadas para lidar com o deslocamento de empregos no interior de cadeias mundiais de produção e globalização de serviços ainda não atingiu todas as classes sociais como no Reino Unido, mas estas dinâmicas – que logo afetarão a vida de todo cidadão brasileiro – precisam ser discutidas por todos os envolvidos nesta transformação: empresas, educadores, o governo, a mídia e os próprios cidadãos.

Usar uma estória sobre cães não é o suficiente para explicar estas mudanças, mas esperamos que este livro possa criar algum debate que explore o valor e os riscos da imigração e terceirização, juntamente com uma investigação pragmática sobre como se preparar para um mundo em pleno processo de mudança.

Este livro deve sua inspiração a dois autores, com quem humildemente estamos em débito. Dr. Spencer Johnson publicou seu livro, *Quem Moveu Meu Queijo*, em 1998 e provou que até mesmo nestes tempos modernos é possível usar uma alegoria para ilustrar sua opinião. Antes do sucesso do livro do Dr. Johnson, muitos achavam que este estilo literário havia desaparecido com Esopo, ou mais recentemente, com o Novo Testamento. Usamos um título parecido, em sinal de respeito ao que o Dr. Johnson conquistou com esse estilo. Se você ainda não leu esse livro, sugerimos que você o leia assim que tiver oportunidade.

George Orwell é a outra fonte de inspiração para este livro. Orwell foi um romancista brilhante, mais conhecido por *1984*, mas ele escreveu vários livros de não-ficção sobre uma multidão de assuntos, incluindo a miséria do proletariado e a Guerra Civil Espanhola. Quando ele publicou *A Revolução dos Bichos* em 1945, ele demonstrou como uma estória curta pode satirizar o totalitarismo soviético sem uma condenação literal. Esta é uma outra sugestão de leitura e, para uma exploração mais detalhada de como Orwell enxergava os problemas da sociedade moderna, leia *Mantenha o Sistema*.

Estes dois autores merecem gratidão por todas as idéias e pela inspiração para este livro. Quando este volume foi originalmente publicado no Reino Unido, muitos não conseguiam ver como esta breve estória poderia ser relevante para eles. A resposta é que, independentemente da estória, estes problemas são extremamente importantes e precisam ser discutidos abertamente. Se você tem um emprego hoje ou está planejando buscar um amanhã, em qualquer país, os tópicos abordados nesta história são muito importantes.

Mark gostaria de agradecer a alguns colegas, amigos e a sua família pela ajuda enquanto escrevia este livro. Sua família – ele espera que seus sobrinhos Luke e Ben já possam ler e entender a estória, Lewis ainda vai precisar de mais alguns anos. Sua cadela Matilda o ajudou a relaxar e pensar claramente.

O Dr. Richard Sykes foi uma fonte importante de idéias e debate, como sempre.

George Bell e Alan Hovell, da Universidade de South Bank em Londres, permitiram o contínuo diálogo com seus alunos.

Bryan Glick, da revista *Computer Weekly* e Steve Ranger, do site silicon.com, o deram espaço para artigos regulares e blogs para suas publicações.

John Uncle, que treinou cães em todo o mundo, e sua esposa Carol são amigos a quem Mark agradece muito por todo o conhecimento sobre cães que adquiriu desde que os conheceu.

Martyn Hart, da Associação Nacional de Terceirização do Reino Unido e toda a sua equipe, juntamente com a equipe de relações públicas da Buffalo PR liderada por Kerry Hallard, proporcionaram várias oportunidades para que Mark examinasse o fenômeno da terceirização com maior profundidade, através de eventos e pesquisa.

Angélica gostaria de agradecer a Mark Kobayashi-Hillary pela oportunidade de recontar esta estória a partir da versão original em inglês, que originalmente se passa em Londres e agora toma vida nas ruas de São Paulo, para facilitar a compreensão do público brasileiro.

Nerida Johns ofereceu apoio inestimável e amizade ao longo de quase uma década de desafios e conquistas em um país estrangeiro.

Finalmente, Izilda Mari, mãe de Angélica, merece sinceros agradecimentos por sempre ter incentivado independência e trabalho duro, assim como perseverança em tempos difíceis.

Esperamos que você goste. E não esqueça de se *cãocentrar*!

Mark Kobayashi-Hillary e Angélica Mari
Londres, dezembro de 2009

Quem Mexeu No Meu Emprego?

Capítulo Um

Lula, Sócrates e Chico eram cães da raça fila e trabalhavam na Fazenda Boa Viagem em Atibaia, São Paulo. Eles eram cães boiadeiros e mestres no ofício, os melhores cães de pastoreio que se poderia imaginar. Não havia um cão boiadeiro sequer do Oiapoque ao Chuí que pudesse arrebanhar um gado errante melhor do que aqueles três. Até onde se sabia, eles eram os melhores cães boiadeiros do Brasil.

Vacas, bois, gado em geral, são animais estúpidos. E é essa estupidez que os torna tão difíceis de controlar. Eles não sabem o que fazer quando recebem ordens. Ou acham que sabem, mas simplesmente não fazem o que foi ordenado. Às vezes fazem, às vezes não. Cada cabeça de gado segue o que o companheiro da frente faz e, assim, se torna difícil ensinar esses animais estúpidos a fazer algo sensato já que só o que eles fazem é seguir o mestre lá na frente. Eles nunca pensam por si mesmos nem um segundo sequer.

E os filas odiavam gado. Como é que pode um verdadeiro animal de fazenda não ter controle completo da sua vida? Como é que eles não se preocupam com o que vai acontecer hoje, amanhã ou a semana que vem? Esses animais retardados não pensam nem um minuto à frente do que eles estão fazendo agora – comendo, na maior parte do tempo – e no final das contas acabam indo para o açougue, enquanto os filas ficam na fazenda com os humanos.

Lula era o mais velho dos três cães boiadeiros da Fazenda Boa Viagem. Mas, mesmo assim, nenhum dos cães desse trio poderia ser ainda chamado de jovem. Lula tinha oito anos, Sócrates tinha quase sete e Chico era o mais próximo de um filhote, com um pouco mais de cinco anos de idade.

Talvez Chico tivesse a idade equivalente de um humano de uns quarenta e tantos anos.

Mesmo que não fossem tão jovens assim, eles estavam em forma, trabalhando todo santo dia do ano na recolha do gado. Eles tinham corpos enxutos e estômagos musculosos de animais que trabalhavam para viver e viviam para trabalhar.

Os três trabalhavam em equipe, mas Lula era sempre o líder. Não havia gado que pudesse escapar ao trabalho combinado destes cães. Todos os dias, às seis da manhã, o fazendeiro vinha e assobiava para chamar os cães. Eles viviam no celeiro perto da fazenda, onde ficavam as ferramentas. Era aí que o fazendeiro guardava seus equipamentos mais importantes, como a ceifeira-debulhadora que havia custado uma fortuna; ele havia feito um empréstimo enorme para comprá-la.

Talvez por conta dos cães, não havia muitos ratos na fazenda, e eles nunca precisavam sair para caçar insetos ou qualquer tipo de parasita. Os ratos sabiam que os cães estavam por perto e mantinham distância – aquela casa era de fato dos cães. Claro que os ratos comiam tudo o que o fazendeiro deixava para trás, mas ele sabia que poderia deixar qualquer coisa no celeiro, que não teria problema algum. Os filas não eram caçadores de ratos, como os terriers, mas os ratos tinham medo mesmo assim.

Todas as manhãs, os filas corriam ao encontro do fazendeiro. Os cães adoravam a animação dessa primeira corrida do dia, na fazenda. Nenhum dia era igual ao outro: eles percorriam a distância entre a fazenda e os campos e de lá para qualquer área onde houvesse trabalho planejado naquele dia.

Às vezes, o fazendeiro queria mover o gado inteiro de uma parte da fazenda para outra. Este era um dos trabalhos mais difíceis, mas os três filas, trabalhando juntos, podiam direcionar e pastorear centenas de cabeças de gado de um campo até uma porteira, e depois para um outro campo. O fazendeiro chamava ou assobiava para orientar os cães o tempo todo. Ele tinha comandos diferentes para cada cão para evitar confusão. Lula sempre respondia a assobios, mas o fazendeiro chamava o Sócrates em português e o Chico em espanhol.

Alguns trabalhos eram mais fáceis. Quando o gado não estava bem ou precisava de cuidado por alguma razão, o fazendeiro só precisava apontar e eles já corriam até o animal em questão. Um cão podia tirar uma vaca do rebanho, mas era mais divertido fazer isso junto com os outros cães porque fazia o gado ficar nervoso. Todos os filas tinham um olho bom. Eles podiam encarar a vaca mais teimosa se fosse preciso e essa era uma qualidade sempre necessária.

Quando os filas terminavam o trabalho à noite, eles eram alimentados pelos funcionários da fazenda. O jantar normalmente era carne crua e ossos com legumes e verduras também. O fazendeiro normalmente deixava asinhas de frango ou pedaços de linguiça. Às vezes, ele também jogava um bom pedaço de carne de vaca, que eles adoravam e era dia de festa quando isso acontecia.

Lula, Sócrates e Chico nasceram na fazenda e talvez fossem parentes, o que nunca foi confirmado pelo fazendeiro. Eles também se comportavam como se fossem uma família, porque só tinham um ao outro e a fazenda era o universo deles. Lula lembrava de ter treinado Sócrates e Sócrates, por sua vez, treinara Chico. Lula aprendeu o ofício com um outro fila chamado Toni, que eventualmente se retirou dos campos e viveu na fazenda alguns anos até que morreu.

Toni foi enterrado no jardim. Lula lembrava que a voz do fazendeiro soava estranha mesmo semanas depois do ocorrido – ele nem conseguia assobiar ou chamar. A tristeza do homem era evidente e fez com que Lula trabalhasse mais duro ainda para provar que podia ser tão valoroso quanto a geração anterior.

Os filas viviam felizes na fazenda. Todo dia eles trabalhavam duro pela recompensa, mas gostavam do trabalho. Era divertido trabalhar com o fazendeiro e ser uma parte integral do time que fazia a fazenda funcionar. Eles precisavam do abrigo e da comida que o fazendeiro provia, assim como de mais trabalho, mas eles sabiam que o fazendeiro precisava mais deles. Sem bons cães boiadeiros, um fazendeiro está perdido.

Mas eles gostavam do trabalho. Trabalhar duro os fazia felizes. Eles se sentiam realizados toda vez que recebiam um agrado do fazendeiro depois de um trabalho bem feito. Todo dia eles acordavam de manhã prontos para trabalhar e adoravam aquela vida. Certa vez o fazendeiro contara a Lula que a vida dos cães na cidade era muito tediosa. Sem trabalho, sem precisar batalhar por comida.

Alguns dos cães da cidade ficam em casa o dia todo sem fazer nada, disse o fazendeiro, com comida servida duas vezes por dia. Que tipo de vida é essa? Quando Lula contou essa história para os seus companheiros, eles concordaram que não poderiam viver assim. Sem propósito de vida ou sem um sentido de realização, eles iriam à loucura. E alguns filas viviam assim, na cidade – sem nada para fazer ou gado para perseguir. Os filas na Fazenda da Boa Viagem também sabiam que tinham muita sorte de viver aquela vida.

Capítulo Dois

Estava amanhecendo. O assobio alto do fazendeiro trouxe Lula, Sócrates e Chico correndo do celeiro onde eles gostavam de dormir. O celeiro era mais confortável do que a fazenda, mesmo que o fazendeiro não se importasse com que eles entrassem na casa. No celeiro eles estavam protegidos do frio, do sol, tinham água fresca e às vezes algum rato para caçar.

O fazendeiro estava na frente da casa, junto com três cães, sentados em linha, como se fossem sentinelas vigiando um tesouro. Estes cães tinham acabado de chegar à fazenda, pois nenhum dos filas os tinha visto antes.

Lula ficou paralisado com aquela surpresa. Um cão boiadeiro só podia ser um fila, que pode variar no peso ou na cor, mas um fila é sempre um fila. O que o fazendeiro poderia estar planejando com esses animais estranhos? Definitivamente, eram cães. Mas nenhum era um cão boiadeiro.

Um deles, Bóris, se assemelhava a um lobo, com um porte majestoso. Tinha uma atitude furtiva e olhos azuis, o que intrigou ainda mais os filas. O segundo cão, Chan, era muito estranho e Lula não conseguia tirar os olhos daquela cara amassada, com a pele em dobras em volta dos olhos e do queixo. O terceiro cão, Rajá, até que era parecido com os filas, talvez com um pelo mais curto, mas seguramente o que mais se parecia com a idéia de cão que os filas da fazenda tinham.

"Mas que raio de cães são vocês?" perguntou Lula. "Eu nunca vi cães como vocês antes, especialmente por estas paragens. Vocês estão aqui para trabalhar conosco na fazenda? Vocês têm certeza que sabem como lidar com gado?"

O cão-lobo respondeu primeiro, com um sorriso amigável.

"Olá. Prazer em conhecer vocês. Meu nome é Bóris. Eu não tenho experiência com gado, mas sei como trabalhar duro. Minha raça é conhecida como husky siberiano, ou apenas Husky, como preferir. Eu e meus antepassados temos história de ter puxado trenós por milhas e milhas em crosta de gelo e vários graus abaixo de zero. Estou surpreso que você nunca tenha ouvido falar de nós – na Rússia nós ouvimos falar muito sobre os famosos filas da Argentina."

"Aqui é o Brasil, não a Argentina!" Lula retrucou. Esse cão, ou lobo, era muito arrogante para o gosto do fila.

"Claro que eu sei", disse Bóris. "De fato, eu sei que esta fazenda está situada em Atibaia. Nós não estamos longe da cidade de São Paulo, que é a maior cidade do Brasil. Um outro fila me contou a história da sua raça, então eu sei tudo sobre os seus ancestrais. Você está bem longe de casa também!" Bóris continuou:

"Deixe-me apresentar meus amigos aqui. Rajá e Chan, por que vocês não falam um pouco de vocês para os filas?"

"Obrigado, irmão." O cão de cara amassada se adiantou. "Olá, eu sou Chan. Sou um shar-pei chinês. Nós temos uma história de milhares de anos como cães de rebanho e de guarda. A nobreza do nosso país valoriza nossa proteção há mais tempo do que a China se conhece como China."

"Esqueça dos seus pampas. Tente controlar um rebanho na Mongólia e você vai descobrir como é lidar com animais estúpidos," disse Chan.

O cão chinês começou a coçar o corpo com uma pata traseira. As dobras de pele balançavam e enrolavam a cada movimento. O terceiro membro do novo grupo sorriu timidamente e se aproximou um pouco. Ele tossiu e se apresentou aos filas.

"Muito prazer em conhecê-los. Meu nome é Rajá e eu sou conhecido como um cão dhangari. Minha linha de ancestrais é indiana. Para ser mais preciso, eu venho de um estado indiano chamado Maharashtra.

"Vocês devem conhecer Bombay, ou Mumbai, como é chamada agora – esta é a cidade mais próxima da minha casa, mas acho que vocês nunca ouviram falar, ou já? É bem bonito lá, tem várias cavernas...Todo mundo conhece Bombay... ops, Mumbai."

Bóris tossiu e interrompeu a tagarelice de Rajá. Parece que ele estava acostumado com seu amigo indiano falando demais e eles tinham um código entre si para acabar com aquele fluxo de consciência canina antes que entediasse todos os que estavam ouvindo.

Lula, Sócrates e Chico olharam para os cães – se é que eles podiam ser chamados de cães – com uma sensação de incredulidade. Eles eram amigáveis, mas não eram filas. Um parecia ter mais experiência em puxar trenós do que em tanger rebanho, e os outros...os filas estavam pensando a mesma coisa sem falar.

A realidade deve ser muito diferente na Rússia em comparação com o Brasil. O shar-pei era tão controlado e majestoso que parecia que ele nunca havia vivido numa fazenda. O cão indiano dava a impressão de ser sincero e trabalhador e até parecia um pouco com um fila, mas era meio indeciso. Gado e indecisão não combinam.

Lula pensou: "O que o fazendeiro está fazendo?" Foi aí que a explicação começou.

"Bom ver que vocês todos estão se dando bem. Lula, você está encarregado de mostrar a fazenda para estes cães novos. Eles precisam entender como o gado brasileiro se comporta e como nós trabalhamos por aqui," disse o chefe.

"Cuide para que eles se sintam bem na fazenda e tenha certeza de que todos os três aprendam e saibam tudo o que for necessário. Eu conto com vocês para me ajudar."

Assim, os cães recém-chegados se uniram aos filas na Fazenda da Boa Viagem. Eles acharam outro canto dentro do celeiro e se acostumaram ao lugar como seu novo lar, junto com os veteranos brasileiros.

Todas as manhãs, quando o fazendeiro assobiava, todos os cães corriam para chegar primeiro até ele. Bóris, Chan e Rajá, apesar de terem experiência no campo, acharam o trabalho com o gado brasileiro um pouco diferente. Mas com a ajuda de Lula, Sócrates e Chico, logo se acostumaram com o jeito como os animais se comportavam no campo e a forma na qual o fazendeiro queria organizar o rebanho.

O fazendeiro podia notar a melhora dos novos cães a cada dia e nunca deixou de dizer a eles que estavam fazendo um bom trabalho. Ele nunca fez esse tipo de elogio aos cães brasileiros, nem mesmo quando eles eram filhotes aprendendo o ofício.

O fazendeiro até sorria. E ele era um tipo rabugento, nunca sorria ou era amigável. Lula notou que havia algo errado e resolveu chamar os outros dois amigos um dia depois do trabalho para conversar sobre a nova organização da fazenda.

"Algo muito estranho está acontecendo aqui," disse Lula para os outros filas. "O chefe nunca explicou por que ele queria que treinássemos esses estrangeiros. Nós acreditamos nele e achamos que era por uma boa razão, mas agora parece que o comportamento dele está mudando, ele parece preferi-los a nós."

"É verdade. E eu até vi o cão-lobo brincando com as crianças", disse Chico.

"Vejam só. Eu os estive observando durante as últimas semanas", continuou

Lula. "Você notou que o comportamento deles mudou, especialmente depois que eles ficaram mais experientes em lidar com o gado? Eles sempre saem de manhã antes de nós."

"Eles saem e esperam na frente da fazenda, prontos para quando o fazendeiro sair e começar a trabalhar sem nem mesmo serem chamados. Eles continuam a trabalhar com o gado até mesmo depois que o chefe diz que é hora de terminar e ir para casa. Eles nem pedem mais comida ou ossos e só querem agradar. Eles nem perseguem os ratos à noite ou ganem para a lua!"

Sócrates estava preocupado. "Falando assim, você dá a impressão de que o fazendeiro está pensando em nos substituir por esses estrangeiros. É isso que você está querendo dizer?

"É exatamente essa a parte que me preocupa. Mas eu não entendo a situação muito bem. Claro que o fazendeiro não administraria uma fazenda brasileira sem cães brasileiros. Não faz sentido administrar uma fazenda aqui em São Paulo, com gado daqui e achar que cães estrangeiros vão saber como lidar com o gado."

"Mas nós os treinamos. Nós dissemos a eles tudo sobre o gado, pois o fazendeiro nos disse para fazer isso. Eles podem fazer o que nós podemos porque nós ensinamos o trabalho!" disse Chico.

Lula olhou para Sócrates e disse: "Sim, Chico, você está certo, mas mesmo assim as coisas mudaram por aqui. Um cão que nasce e cresce em uma fazenda no Brasil deve ser o único cão que entende como as coisas funcionam numa fazenda brasileira."

"Eu não tenho nenhum preconceito contra outras raças – alguns cães são bons em caça ou guarda, ou em usar o faro. Nós somos a melhor raça de cães boiadeiros do Brasil, então eu não entendo a necessidade de treinar outros cães nos mesmos métodos de rebanho."

Chico se levantou e olhou para Lula, revoltado. O cão mais jovem disse: "Olha, eu sou um cão muito honesto. Eu quero que a verdade seja dita e eu quero saber qual é a minha situação nessa história, e a de todos nós. Eu vou perguntar para o chefe amanhã o que está acontecendo e nós vamos saber a verdade."

Quem Mexeu No Meu Emprego?

Capítulo Três

Chico nunca teve a oportunidade de fazer suas perguntas ao fazendeiro, mas o que aconteceu na manhã seguinte mudou a vida dos três fiéis filas, para sempre.

Os filas acordaram tarde. Não houve assobio naquela manhã. Talvez o fazendeiro estivesse doente? Ou havia alguma outra razão para não chamar os cães para trabalhar?

Os estrangeiros não estavam na cabana. Sócrates pôde ouvir o latido estranho de Rajá. Eles já estavam no campo trabalhando com o gado, mas o fazendeiro não assobiou.

O fazendeiro saiu da fazenda e viu Sócrates olhando para ele. Ele ignorou o cão confuso, caminhou até a entrada principal da fazenda e começou a abrir o portão.

Sócrates chamou os outros. Os três filas andaram devagar até o fazendeiro e ficaram atrás dele, olhando e esperando.

"Já chega, garotada", disse o fazendeiro sem olhar para os cães. Eles sabiam que algo estava errado, pois era o que ele dizia no final do dia, depois de um dia de trabalho duro. Por que ele diria isso no começo do dia, depois de ter esquecido de chamá-los para trabalhar?

Um caminhão azul apareceu na estrada de barro da fazenda e passou pelo portão. A motorista parou e saiu do veículo, começou a falar com o fazendeiro, mas as palavras dela não faziam muito sentido para nenhum dos filas, mesmo que eles entendessem a maioria das conversas entre humanos.

A motorista deu uma folha de papel cor-de-rosa para o fazendeiro, que ele assinou apoiado no capô do caminhão. O formulário assinado foi então colocado pela moça no porta-luvas e, em seguida, ela abriu a porta de trás do caminhão, que estava vazio, mas era dividido em vários compartimentos em dois níveis, os maiores em cima e os menores embaixo.

Lula agora estava muito preocupado. Ele tinha examinado o caminhão e conseguido ler as palavras em letras maiúsculas:

CENTRO DE CONTROLE DE ZOONOSES DE SÃO PAULO
WWW.PREFEITURA.SP.GOV.BR/ZOONOSES

Então, o caminhão era de um canil. Mas quando Lula explicou isso para os outros dois, eles perguntaram, "Mas o que é um canil?" Chico até perguntou, "Aqui não é a nossa casa? Por que temos que ir para outro lugar?" Lula, porém, só conseguiu balançar a cabeça. Ele também não tinha idéia do que estava acontecendo.

O fazendeiro e a motorista mandaram os filas subirem no caminhão. Cada um recebeu do fazendeiro um tapinha na cabeça. Eles tinham aberto três jaulas e os filas entenderam que deveriam entrar nelas.

Desta vez, eles não precisaram de instruções, era tudo muito óbvio. O fazendeiro nem esperou que a porta azul fechasse. A visão que o último cão a embarcar conseguiu ter foi a das costas do fazendeiro andando de volta para a fazenda.

Quando a porta fechou, ficou escuro dentro do caminhão. Fazia muito frio ali dentro e era bem úmido. E cheirava mal também, porque centenas, talvez milhares de outros cães haviam sido transportados naquele mesmo caminhão antes e todos tinham deixado sua marca de um jeito ou outro.

Quando o caminhão se pôs em movimento, Lula começou a falar em voz alta sobre o que achava que iria acontecer, procurando talvez tranquilizar um pouco seus amigos. Lula nunca falava muito, mas nessa viagem ele achou que era sua obrigação continuar falando sobre as possíveis razões pelas quais eles estavam viajando naquele caminhão escuro.

"Tem de ter uma explicação lógica para esta situação. Ou o fazendeiro está nos mandando para nossas primeiras férias, porque agora nós temos ajudantes eficientes na fazenda, ou vamos fazer algum curso. Talvez nós vamos aprender algo novo, alguma habilidade nova, que torne o nosso trabalho mais eficiente, e depois vamos voltar para casa."

Quando o caminhão parou e a porta se abriu, eles viram um novo lugar com cheiro estranho. Não tinha nada a ver com a fazenda que eles haviam deixado para trás. Não havia grama, e o chão aqui era seco e sólido. Havia carros e caminhões em toda a parte, vários passando um depois do outro, e o barulho era terrível.

Na fazenda, todo o barulho que havia era dos animais ou dos pássaros cantando nas árvores em volta dos campos. Aqui, havia uma cacofonia ensurdecedora que os filas não conseguiam entender – e isso os deixava ainda mais angustiados.

Agora eles tinham de entrar nesse mundo novo, de qualquer jeito. A moça que os havia trazido até aqui era amigável, mas firme. Eles foram guiados, como gado, para uma desolada casa nova. Tudo era cinza e frio, com um piso de concreto. Era um abrigo, mas parecia mais uma cela de prisão para os três filas, acostumados com a liberdade do interior paulista. Havia barras de metal na frente que permitiam os humanos vigiarem.

Os filas perceberam que não podiam mais correr juntos, muito menos trabalhar. Confinados nessa caixa de concreto o dia todo, a única atividade física era a caminhada pela manhã no pátio do canil. Mas até quando eles saíam para andar, ficavam presos a uma coleira com uma corrente que os mantinha juntos; não era mais possível correr. O prazer que eles haviam desfrutado cada dia na fazenda ficara para trás.

Mas poderia ser pior. Ao menos os humanos mantinham os filas juntos. Certo dia, um grupo de humanos veio e apontou para Chico. O funcionário do canil o tirou da jaula e começou a caminhar com ele. Ele forçou o homem a arrastá-lo pelo chão pelo pescoço até que ele desistiu. O grupo balançou a cabeça e o colocou dentro da jaula de novo com Lula e Sócrates. Lula os viu sair mais tarde com um labrador preto abanando, feliz, a cauda.

"Não se preocupe. Tenho certeza que foi um engano. Não vai demorar para vermos o fazendeiro novamente e voltar para a Fazenda Boa Viagem. Às vezes é impossível prever o futuro, a não ser que você espere para ver." Lula estava tentando convencer a si mesmo, assim como aos outros dois filas. Nenhum deles achava que o fazendeiro tinha cometido um erro ao abandoná-los, mas eles não conseguiam entender por que tudo aquilo estava acontecendo.

E fora assim tão de repente. Num momento eles eram parte essencial da fazenda e, no outro, foram substituídos e enviados para um lugar que eles não gostavam e não entendiam. A cabeça de Lula doía de tanto matutar em como eles poderiam mudar essa situação. Ele agora até mastigava as próprias patas à noite.

Durante uma das sessões matinais de exercício, Lula foi acorrentado junto com uma velha e sábia Staffordshire bull terrier inglesa. Ela se chamava Cora e estava no canil há cerca de um ano, pois já tinha quase oito anos de idade e os humanos que adotavam cães geralmente queriam filhotes.

"Eu sinto muito por você e seus amigos", disse Cora.

"O que você quer dizer?" perguntou Lula.

Cora retrucou: "Nenhum de vocês é um filhotinho, certo? Você é quase tão velho como eu, e os seus amigos também não estão muito longe disso. Já é difícil fazer com que os humanos se interessem por um cachorro jovem a ponto de lhe oferecer uma nova casa, mas vocês são velhos, além de querer permanecer juntos."

"Eu vi como o Chico se comportou quando uma família tentou adotá-lo. E é isso que vai acontecer com vocês porque é difícil achar casas para animais em São Paulo," disse a bull terrier.

Ela continuou: 'Vocês são cães do interior, e aqui é a cidade. Vocês não servem para esse tipo de vida, caminhadas no parque, brincar com crianças, relaxar num sofá macio. Todo mundo sabe que vocês preferem perseguir vacas, e a maioria dos filas acaba na cidade correndo atrás da própria cauda."

"É até possível que vocês achem quem queira adotar um de vocês, mas encontrar uma casa para três filas vai ser impossível."

Lula ficou em silêncio até que achou melhor pedir conselhos. No final das contas, Cora se encontrava numa situação similar à de Lula e seus amigos e estava lá por muito mais tempo. "Se você está mesmo certa, o que eles fazem com cães que não conseguem achar uma nova família? Ficamos aqui para sempre?"

O sorriso de Cora desapareceu. Staffordshire bull terriers têm aquele tipo de feição que parece que estão sorrindo constantemente, mas agora o sorriso tinha desaparecido.

"Eles esperam por um ano e aí, você desaparece. Eles levam os cães velhos para ver o médico lá no fundo do canil e nunca mais voltam. Nenhum de nós viu um cão sequer voltar vivo daquele lugar. Vocês três têm uma chance de sobreviver caso se separarem, mas eu não acho que ninguém vai adotar vocês juntos, não aqui em São Paulo," ela disse.

"Eu espero achar um novo dono antes que um ano se passe. Eu acordo todo dia esperando que eles não me levem para caminhar e depois para ver o médico. Eu não sei quanto tempo mais eles vão me dar."

O sorriso retornou, mas o brilho nos olhos de Cora tinha sumido. Lula estava preocupado também. A situação era pior do que ele imaginava. A vida na fazenda era coisa do passado. Os três filas eram indesejados e inúteis. Numa curta jornada, eles tinham se transformado de animais essenciais na fazenda num grupo de cães impossíveis de adotar num canil. Mas Lula decidiu manter seu grupo junto.

Graças a Cora, ele percebeu que seria possível achar novas casas se eles decidissem se separar, mas eles não podiam imaginar outra vida em que não estivessem juntos.

Qual seria a possibilidade de se acostumar a uma vida na cidade se eles não pudessem contar uns com os outros para apoio? Não era uma possibilidade que Lula queria cogitar. "Eu preciso defender meus companheiros", ele pensou.

Capítulo Quatro

Vários meses se passaram no canil. O tédio dos três filas era ocasionalmente interrompido quando algum humano estava interessado em talvez adotar um deles. Era geralmente Chico que atraía a atenção, pois humanos achavam que ele parecia menos com um cão boiadeiro e mais propenso a se adaptar na cidade.

"Eu não sei por que os humanos acham que você é mais atraente", disse Sócrates, numa tarde depois de outra família com duas crianças ter passado tempo com Chico, o agradando. "Nós todos temos algo a oferecer a uma família da cidade. Eu acho que conseguiria viver se me levassem para longas caminhadas duas vezes ao dia, me dessem um lugar confortável para dormir e bastante comida fresca quando me desse fome."

"Eu não estou tentando atraí-los. Eles só me querem porque eu sou o mais jovem. Eu acho que eles pensam que eu posso ser treinado para viver numa casa mais facilmente." Chico precisava se defender das constantes provocações de Sócrates.

Lula tinha de interromper as diárias e frequentes discussões entre os dois. Sócrates até tentou sabotar a chance de Chico achar uma boa casa e começar brigas toda vez que uma família mostrava interesse no mais novo. Cada vez que uma criança tentava passar a mão em Chico, Sócrates o mordia até que ele revidasse.

O que os humanos viam era um cão que inicialmente parecia manso e amigável e, de repente, começava a mostrar os dentes e atacar outro cão. Eles sempre afastavam a criança da jaula, achando que seriam os próximos a serem devorados depois que Chico terminasse com Sócrates.

"Este lugar é uma monstruosidade de concreto e eu não como comida fresca há meses. O que nós vamos fazer, Lula? Nós não podemos ficar por aqui por muito mais tempo. Você lembra do que Cora falou sobre cães que não conseguem achar um novo dono. O que vai acontecer conosco?"

Lula só podia concordar. Ele podia sua vida e dos seus amigos e a dele mesmo se esvaindo dia após dia. Eles estavam neste canil há meses sem que uma pessoa sequer oferecesse uma nova casa. Mas ele não conseguia traçar um plano. Não conhecia a cidade e não sabia como planejar uma nova vida longe de casa. Tudo o que eles sabiam fazer – e bem – era lidar com rebanhos.

Eles sabiam que eram bons no ofício, ou em qualquer coisa que precisasse de organização. Eles sabiam tudo sobre pastoreio, mas mesmo assim o conhecimento deles era inútil nesse ambiente. Será que eles poderiam organizar carros?

Lula estava prestes a admitir que estava perdido. Ele não sabia o que fazer e não tinha um plano que possibilitasse uma fuga para uma casa melhor.

Lula desabafava com Cora, quando os outros filas não podiam escutar. Ela, por sua vez, como era nascida em São Paulo e não sabia nada sobre o interior, escutava com admiração as histórias do fila sobre a vida na fazenda.

Cora sempre dizia que não saberia o que fazer numa fazenda, rodeada de outros animais. Ela caçava tudo, ratos e baratas na maioria, mas não conseguia imaginar as opções disponíveis numa fazenda cheia de animais.

Agora eles eram levados à rua para o exercício matinal, nas correntes longas, como de costume. Outro voluntário estava levando Chico e Sócrates. Os voluntários que levavam os animais para caminhar eram sempre amigáveis e tentavam manter os amigos juntos.

"Acho que não tenho mais muito tempo", Cora disse a Lula . "Os funcionários do canil vêm me olhar o tempo todo e eles nunca costumavam fazer isso. Eu não recebo visitas há meses. Não sei quanto tempo eles vão continuar me prendendo aqui. Eu acho que vão me mandar para o médico logo."

Lula estava chocado. "O que podemos fazer? Não podemos deixar que você desapareça assim. Você é a cadela mais sábia de todo esse canil. Você conhece São Paulo e é a minha única fonte de esperança."

Cora começou a falar: "Nós precisamos de um plano para escapar deste lugar, mas vocês três precisam sair daqui, mais do que os outros. Escapar juntos não deve ser tão difícil. Eles nos levam para caminhar todo dia. Se andamos juntos, nós podemos facilmente escapar do guia."

"O que vai ser difícil é saber o que fazer depois de escapar. São Paulo é enorme e não existem animais de fazenda aqui. É completamente diferente de qualquer lugar onde você tenha vivido antes."

Cora falou por muito tempo sobre as diferenças entre a cidade e o interior, sobre o trânsito, falta de lugares para se esconder e as temidas carrocinhas. Foi aí que ela descreveu algo inacreditável, que fez Lula ter um surto de riso.

"Eu estou te dizendo, Lula. Eu estive lá e vi com meus próprios olhos. Existe um parque no sul de São Paulo e os humanos fizeram uma parte do parque paracer com uma fazenda, com cercas e currais e os humanos observavam filas, como vocês, guiar um grupo de vacas e ovelhas em volta do parque e depois dentro do curral."

"E tinha um pastor, ou fazendeiro também? O que eles estavam fazendo em um parque? Não existe gado no centro de São Paulo. Como pode ser?" Lula estava perplexo com a história de Cora, que não fazia sentido nenhum.

"Você quer saber o que era? Entretenimento. Esses humanos nunca viram gado de perto antes, apesar de comê-los no almoço. E eles nunca viram o trabalho duro de filas, como vocês, de pastorear um rebanho numa fazenda," disse a terrier.

"Foi então que eu entendi que o fazendeiro havia trazido um grupo de vacas, bois e ovelhas num caminhão e armou um curral para fazer com que parecesse com uma fazenda. E esse pessoal da cidade paga para ver o gado solto e o que os filas fazem para colocá-los no curral novamente."

Lula estava boquiaberto. "Mas isso é bizarro! Isso é normal lá na fazenda. Por que humanos pagariam para ver, eles poderiam vir até a fazenda ver tudo aquilo e não custaria um centavo!"

Cora respondeu: "Você já viu alguém da cidade trabalhando na fazenda, na época do parto, por exemplo? Eu nunca estive em uma fazenda, mas outros filas me disseram que quando as vacas estão parindo, humanos e cães viram o dia e a noite trabalhando semanas a fio.

"Os humanos na cidade não entendem nada disso. Eles não entendem a fazenda e a sua função porque, para eles, carne é algo que se compra no açougue. E a situação é a mesma para você agora," ela disse.

"O que você aprendeu na fazenda pode ser útil para alguns humanos na cidade. Existem pessoas em São Paulo que gostariam muito de ver vocês trabalhando, pois isso as faz sonhar com uma vida menos dura, um pequeno pedaço de chão no interior."

Lula continuou escutando, atento. Cora continuou:

"Os humanos não sabem o que acontece na fazenda e o quanto vocês trabalham, até porque elas não precisam. Eles querem ver os filas em ação porque os transporta para fora da cidade, mas eles não têm tempo de ir para o interior e ver cães trabalhando num ambiente real."

Lula continuava intrigado: "Mas isso será algo que poderemos fazer se sairmos daqui? Quer dizer, você acha que as pessoas em São Paulo de fato gostariam de nos ver fazer aquilo que estamos acostumados a fazer na fazenda? Onde acharíamos gado?"

"Eu não tenho todas as respostas, Lula, mas o que eu estou dizendo é que você tem de olhar para si mesmo e pensar no que você realmente é bom. Você precisa de uma nova carreira, de um novo propósito de vida," disse Cora.

"Dê uma boa olhada no seu ambiente, todo o espaço em sua volta. Será que não existe um jeito de conseguir comida e abrigo fazendo algo que você gosta?"

Ela disse, em tom encorajador: "Você sabe o que eu faço quando eu tenho que decidir algo, ou pensar no próximo passo? Eu paro para me *cãocentrar*."

"Pare, dê uma olhada em sua volta e se *cãocentre* sem nada te perturbando. Às vezes, a decisão é óbvia, mas você precisa pensar um pouco mais – mas se você nunca parar para pensar, nada vai acontecer!"

Lula estava reanimado. Ele explicou tudo para Sócrates e Chico, e eles ficaram ainda mais animados. Chico estava tão animado que ele mordeu o cabelo da boneca de uma garotinha que tentou se aproximar da jaula. Os humanos o deixaram em paz, aborrecidos e sem levar um cãozinho feliz para casa.

Na manhã seguinte, quando os cães saíram para o exercício matinal, Lula não viu Cora. Ela não estava com eles naquele dia, ele olhou para a jaula antes ocupada pela terrier, mas ela não estava lá. Ela se fora.

Quem Mexeu No Meu Emprego?

Capítulo Cinco

Perder Cora foi a gota d'água. Todos os cães em volta dos filas estavam deixando suas jaulas também. Nenhum deles tinha visto nada, logo eles imaginavam o pior, ganindo e se arrastando enquanto eram levados para o consultório do médico. Era muito triste para Lula continuar a pensar no que havia acontecido e ele decidiu que eles deviam escapar o mais rápido possível.

Na manhã seguinte ao desaparecimento de Cora, Lula explicou sua idéia para os outros. "Tenho certeza que esses voluntários só conseguem segurar três ou quatro cães no máximo. Eu quero tentar conseguir um condutor para cada um de nós. Hoje será o dia em que vamos escapar deste lugar."

Eles concordaram. Quando um solitário bichon frisê acabou por se juntar a

Chico e Sócrates no grupo de exercício matinal, os três filas causaram a melhor impressão, rosnando, ameaçadores, fingindo que a bolinha de pelo era uma ovelha teimosa. No final, o condutor achou por bem manter os três amigos juntos e achar um outro grupo para o cãozinho.

E assim foi. Eles agora tinham a faca e o queijo na mão. Eles tinham um condutor só para eles e brincaram com ele, como de costume, durante a maior parte do caminho. Os condutores normalmente os levavam para uma volta na Praça Campo de Bagatelle, mas na maioria das vezes a caminhada era pelas ruas próximas do canil.

Lula decidiu que a melhor forma de escapar seria durante o passeio na praça, pois seria mais fácil se misturar com outros cães perambulando na rua ou em meio aos arbustos.

O sol brilhava e o condutor estava de bom humor, então decidiu levá-los à praça.

Havia outros cães abandonados andando pela praça, como também cães com seus donos, que voltariam para suas confortáveis casas e apartamentos depois de suas caminhadas, não para uma jaula de concreto.

Quando eles viram a réplica em metal do avião 14 Bis de Santos Dumont, o condutor parou por um minuto. O cadarço do seu tênis estava desamarrado e ele parou para checar. Ele se abaixou e começou a amarrá-lo, relaxou assim a segurança das correias para que pudesse usar as duas mãos.

"Corram!" gritou Lula. Sócrates e Chico não precisaram ouvir duas vezes. Eles correram para a liberdade da praça, seguindo Lula. A condutora correu atrás deles, chamando-os pelo nome, mas em um minuto eles não podiam mais vê-la ou ouvi-la. Filas conseguem correr como o vento, especialmente quando precisam.

Cora sempre aconselhara Lula, caso eles conseguissem fugir, a correr em direção ao sul e nem parar para se *cãocentrar*. A rota permitiria passar por várias áreas com praças, viadutos e lugares onde eles poderiam se misturar com humanos e encontrar comida, o que era bom. Com certeza, eles conseguiriam se esconder em algum lugar em meio à loucura de uma cidade de 11 milhões de habitantes.

Então, eles correram juntos por cima do rio Tietê, em direção à estação Armênia do metrô. Eles pararam lá e avistaram um ônibus, com pessoas carregando caixas e trouxas de roupa. Em frente ao ônibus, havia várias barracas vendendo sanduíches com carne e linguiça e os filas automaticamente seguiram o cheiro da carne assada.

Eles se aproximaram cautelosamente dos humanos, que sofregamente comiam os sanduíches e deixavam pedaços de carne cair no chão. Vendo os cães, um dos homens teve pena e jogou no chão as partes da carne que estavam muito duras para mastigar e comprou uma linguiça para cada um.

A mulher que estava em companhia do homem o repreendeu. "Nós não temos dinheiro para comprar comida nem para nós mesmos, e você alimentando cães de rua?" O homem não respondeu e continuou agradando os cães que, a esta altura, já abanavam as caudas efusivamente.

Pelo jeito como arrastavam as correias no chão e pela raça dos cães – filas não andam soltos pela cidade grande – ele percebeu que aqueles cães não eram vira-latas. Ele até gostaria de adotá-los, seriam bons companheiros para as crianças. Mas eles tinham acabado de chegar à cidade e nem tinham onde morar. O homem então decidiu tirar as correias dos cães, que já estavam sujas de lama e faziam-nos tropeçar.

Os filas então perceberam que não iriam receber mais comida, pois os homens que haviam saído do ônibus começaram a entrar na estação de metrô com suas pesadas bagagens. Lula disse: "Vamos continuar e correr na direção sul e vamos ver se conseguimos caçar algo. Mas não tenho certeza se vamos conseguir, aqui certamente não é como na fazenda."

Os filas continuaram correndo até que avistaram uma outra área verde. Eles continuaram a jornada por dentro do Parque da Luz, parando só para latir para um vira-lata que estava amarrado a um tronco de árvore, com um homem sentado na grama. Esse homem também tinha várias malas e pacotes em sua volta e não queria que o cão o abandonasse, pois era a única coisa de valor que ele possuía.

Os cães então passaram pela Estação da Luz, desceram a Avenida Cásper Líbero e a Avenida Ipiranga, até chegar ao cruzamento com a São João. Já era fim de tarde e as ruas estavam fervilhando de pessoas querendo chegar em casa, outros vendendo as mais diversas coisas na rua, religiosos pregando em voz alta. Os filas nunca tinham passado por tal experiência, de caos total.

Quando os filas chegaram à Praça da República, Chico começou a reclamar – ele não havia dito nada para não aborrecer Lula, mas ele havia pisado em um caco de uma garrafa de cerveja no Parque da Luz e agora estava sangrando bastante, e continuar correndo era muito mais difícil.

Lula tentou encorajar Chico e Sócrates: "Nós só precisamos continuar um pouco mais. Acho que já estamos bem longe do canil, mas este espaço não é grande o suficiente para nos escondermos. Vamos andar mais um pouco e tentar achar um lugar que nos dê um pouco mais de espaço... Força, gente!"

Eles estavam com sorte. Depois de terem passado o Edifício Copan, a Igreja da

Consolação e a Praça Roosevelt, eles subiram a Rua da Consolação, encorajando o pobre Chico, que não podia mais andar, até que se depararam com os portões ainda abertos do Cemitério da Consolação.

Este lugar era o esconderijo ideal. Eles acharam abrigo embaixo de um mausoléu com a estátua de um anjo segurando um globo e com as letras douradas "MONDE" em sua base. Eles pararam por lá e ficaram mais animados quando a pata do Chico sarou depois de um dia ou dois.

Lula nunca cansava de lembrar os companheiros que lugar fantástico era a nova morada deles. "O tempo de incerteza passou," ele sempre dizia. Os filas tinham água fresca e comida trazida por um coveiro que havia feito amizade com os cães e nada disse para a administração sobre os três cães escondidos no cemitério. E eles retribuíam o favor, brincando com o homem e o seguindo onde quer que ele fosse nos seus trabalhos de manutenção e escavação durante o dia.

Eles não estavam mais receosos quanto ao presente ou ao futuro, agora que eles tinham abrigo, comida, água e a companhia de amigos. Mas uma coisa estava faltando e Lula sabia o que era. Eles não tinham trabalho ou propósito de vida, tudo era muito fácil.

Os filas haviam deixado uma vida de cárcere para trás e entraram numa vida de lazer sem passos para dar no meio tempo, sem nenhum esforço, de fato. Pensar nas novas circunstâncias em que eles se encontravam às vezes era nauseante para Lula. Ele sabia que isso era melhor do que sempre temer ser levado para o médico, mas não conseguia achar a razão real para todo aquele tédio e angústia.

"Ninguém tem o direito de se sentar e sentir-se inútil. Existe demasiado trabalho por fazer."

"Uns com tanto e outros com tão pouco." Lula pensou alto numa manhã ensolarada. Cora os havia ajudado a escapar e ela mesma não pôde escapar do médico.

"Nós aqui, sentados, neste dia esplendoroso e Cora provavelmente foi para o incinerador – sem ninguém que a lembre ou dê importância à sua vida."

"Lula! Corra aqui!" Era o Chico, quebrando a *cãocentração* de Lula e acordando Sócrates.

"O que foi? Você está louco?" Sócrates não gostou daquilo. Ele estava sonhando sobre o tempo em que ele perseguia coelhos na fazenda. Ele já tinha pego três ratos naquela manhã, mas não era a mesma coisa. Ratos eram os únicos animais que se podia caçar naquele cemitério. Isto é, havia também os tatus-bola, que cavavam túneis subterrâneos para chegar até os caixões, mas os filas preferiam ficar longe deles.

"Sigam-me, eu quero mostrar algo para vocês." Chico guiou os amigos pelas ruas atrás do cemitério, até cruzar a Avenida Angélica e chegar ao Parque Buenos Aires. Os filas nunca tinham andado por ruas tão arborizadas antes, o que os fizeram lembrar da vida na fazenda.

Quando eles chegaram ao parque, o que os filas puderam ver foi um campo com um grupo de humanos e cães de todas as raças e tamanhos, tentando fazer algo e liderados por um humano, que claramente era o líder. Eles estavam tentando pastorear! Mas eles não estavam pastoreando gado, o líder estava tentando fazer com que os cães trouxessem um ganso para dentro de um curral de madeira. Eles estavam ali, na cidade, tentando pastorear um ganso!

Lula, Chico e Sócrates observavam, perplexos. Os cães da cidade eram totalmente inúteis. Alguns deles estavam até tentando atacar o ganso e tinham de ser afastados pelos donos envergonhados.

"Olhem só, eles não conseguem nem lidar com um ganso sequer!" disse Chico enquanto os outros observavam. "Lembram como nós três juntos podíamos tomar conta de um campo com centenas de vacas e ovelhas e estes cães não conseguem nem direcionar um ganso sequer?"

Lula olhava e olhava. Ele queria achar um jeito de participar e mostrar o conhecimento que ele e seus amigos possuíam, mas não conseguia achar uma forma de pular a cerca. Eles também não tinham dono, então ficava difícil se aproximar do grupo.

Mas o que chamou a atenção de Lula foi um bull terrier, que tentou comer o ganso ao invés de direcioná-lo. A dona tirou o cão do grupo e não o repreendeu, disse apenas para tentar novamente na semana que vem. Aquele cão parecia bem familiar.

Capítulo Seis

Os filas retornaram nos dias seguintes para observar os humanos e os cães em volta da cerca. Eles não vieram por seis dias, mas no sétimo dia, por volta da mesma hora, Chico viu o líder no campo sozinho. Ele correu para o outro lado do parque, onde os filas dormiam.

"Eu devia ter adivinhado que eles só viriam uma vez por semana. Deve ser um clube de cães para pessoas que moram na cidade. Acho que eles vêm para tentar treinar seus cães", Lula falava consigo mesmo, sem perceber que existe treinamento para cães vivendo na cidade.

Fazer aquilo tudo era natural para eles, que tiveram de aprender o ofício na prática, mas agora ele percebeu que não era algo óbvio. "Aqui estamos na cidade. As pessoas não têm tempo," repetindo as palavras de Cora.

"Espere um momento, Lula", disse Sócrates. "Olhe, o líder está ali, treinando o seu próprio cão com o ganso novamente, e o cão parece um pouco com um fila."

Lula não sabia o que fazer. Seria mais fácil se aproximar do líder com um cão só, em vez de tentar entrar na cerca com um grupo de vinte cães, com seus donos imaginando de onde vieram estes filas enormes. Antes que ele pudesse pensar num plano, lá estava Chico correndo em direção do treinador e de seu cão.

Chico parou em frente dos dois e disse: "Oi. Eu sou o Chico. Quem são vocês? O que vocês estão fazendo aqui?"

A quase-fila parou e respondeu imediatamente: "Eu sou Milú, muito prazer. Vocês são daqui?" Ela parecia bem amigável, completamente o oposto do que os filas esperavam de um cão de cidade.

"Você se parece um pouco com um fila, qual é a sua raça?"

"Eu sei... Eu sou um cruzamento entre um lurcher e um fila e acho que teve um wolfhound no meio também. Eu tenho um pouco daquele instinto de cão boiadeiro, mas também sou rápida como um greyhound e tenho ótima visão. Você é um fila puro?"

"Sim, eu sou um fila puro-sangue. Você havia perguntado antes se sou daqui. Bom, é uma história longa, mas eu venho do interior e trabalhava com gado todo dia," disse Chico. "Eu vi você lidando com o ganso. Posso tentar?"

Milú latiu para o dono. O homem olhou para a cadela e Chico juntos e sorriu. Ele já tinha arrumado o curral para o ganso, então só abriu a gaiola onde o pássaro estava.

"Tá certo, vamos ver você trabalhar", disse Milú assim que o ganso saiu da gaiola e começou a correr o mais rápido que um pássaro gordo pode correr.

Chico não perdeu tempo. Ele não havia esquecido nada. Ele circundou o ganso e pulou do lado esquerdo diretamente em cima do pássaro, que continuava a correr.

O ganso ficou chocado ao ver um cão bem na frente do seu caminho e imediatamente fez um giro de cento e oitenta graus, correndo em direção ao homem e sua quase-fila. Chico guiou o ganso diretamente para dentro do curral sem maiores complicações.

Milú estava impressionada. "Você é bom, hein? Seus amigos estão por aqui também?"

Chico chamou Lula e Sócrates, que começaram a correr mais rápido quando viram que o homem estava recompensando Chico com pedaços de linguiça. O homem soltou o ganso outras duas vezes e deixou que os outros dois mostrassem o que sabiam fazer. Lula e Sócrates conseguiram fazer o ganso entrar no curral ainda mais rápido que Chico.

Lula nem precisou se mover, ele só olhou para o ganso, que desistiu e entrou direto no curral. O dono de Milú riu alto e disse: "Vocês são os melhores cães boiadeiros que eu já vi. Eu venho aqui toda semana tentando fazer estes cães e seus donos aprenderem pelo menos o básico, mas alguns vêm aqui há anos e ainda não conseguem fazer nada!"

O homem se apresentou. "Podem me chamar de Tio Julio. E se vocês não têm onde ficar, serão mais que bem-vindos na minha casa, onde eu moro com a Milú. Eu gostaria de avaliar vocês e fazer uns testes, se vocês quiserem," ele disse.

"Eu tenho bastante comida em casa também. E já está mais do que na hora de vocês tomarem um banho!"

Tio Julio liderou a aula naquela tarde, chamando Lula, Sócrates e Chico para darem exemplos para os outros. Ele os elogiava o tempo todo, chamando-os de "cães-prodígio", "uma honra para a raça

61

fila" e dizendo "seus cães têm de aprender com cães como estes". Os filas não cabiam em si de tanto orgulho e viram que os cães da cidade de fato os faziam sentir bem-vindos.

E Milú era ótima. Ela adorava aprender truques dos outros filas e os cães da cidade se atiravam na chance de tentar controlar o ganso. Claro, havia alguns cães estúpidos na aula, que não conseguiam entender que se eles conseguissem colocar o ganso no curral, ganhariam uma linguiça e só tentavam comer o pobre ganso.

Sempre havia um ou outro cabeça-dura, mas a maioria dos cães tratava os filas como se eles fossem visitantes especialistas do mundo canino, vindos de algum lugar distante.

Uma moça chegou tarde para a aula e estava se desculpando pela demora, com a pequena bull terrier, sentada, abanando sua cauda e esperando começar a sessão. Lula, surpreso, disse: "Cora? É você?"

A terrier respondeu: "Lula? Chico, Sócrates, como vocês vieram parar aqui? Vocês escaparam?"

"Sim, escapamos e corremos para o sul— exatamente como você disse. Nós pensamos que você tinha caído nas mãos do médico."

"Eu fui adotada por uma moça que mora por aqui. Ela foi um dia ao canil bem cedo e eu não tive tempo de me despedir de ninguém. Eu também não tinha ideia de onde me levariam até que me colocaram no banco traseiro de um carro" , disse Cora, entre lambidas nos seus velhos amigos.

Lula estava felicíssimo. Ele havia encontrado sua amiga do canil novamente – e que encontro inesperado! Ele olhou para Sócrates ajudando um bassê a capturar o ganso antes que ele fugisse, quando Tio Julio deu um tapinha em sua cabeça e disse: "Chega por hoje, amigão."

Então era esse o prazer que eles encontrariam, um emprego na cidade? Ou teriam de voltar para o cemitério? A resposta veio logo depois.

Quando a aula terminou, eles ficaram com Milú até que a aula terminou. Uma vez que o equipamento, a cerca e a gaiola estavam dentro do caminhão, Tio Julio abriu a porta traseira do veículo e disse para os filas: "Vamos, garotada?"

Os três filas voltaram para a casa do Tio Julio, onde ele apresentou os cachorros para o seu irmão. Eles deram biscoitos para todos e arrumaram um espaço na casa, com cobertores macios onde eles poderiam dormir com conforto. Milú achava ótimo ter amigos na casa e Cora havia mencionado os dias em que ela passeava no parque, então eles poderiam se encontrar novamente.

Tio Julio comentou com sua esposa Marilena durante o jantar: "Você sabe que estes cães são os melhores pastores que eu já vi. Mestres absolutos. Acho que são cães de fazenda – impossível eles terem aprendido aquilo na cidade."

"Vou começar a levá-los aos rodeios, feiras, talvez até a alguns eventos corporativos querendo algo diferente. Eles sabem como cooperar juntos e eu vou mostrá-los para o mundo!" Tio Julio sorria e estava tão feliz por ter encontrado os cães quanto os cães estavam por tê-lo encontrado.

Lula olhou para Sócrates e Chico e sorriu. Os três filas estavam deitados no cobertor limpo e macio, rodeados de biscoitos. Lula falou: "Cora sempre disse que não tinha todas as respostas, mas ela de fato previu nosso futuro. Nós trabalhamos duro, olhamos fora da nossa zona de conforto e agora provamos a nós mesmos que nosso conhecimento é valorizado num lugar onde nem achávamos que poderíamos trabalhar.

"Só tivemos que nos *cãocentrar* e achar uma solução. Se tivéssemos feito isso antes, nós saberíamos o quão vulneráveis eram nossos empregos na fazenda."

Chico respondeu: "É verdade, Lula. Perdemos nossos empregos anteriores, mas achamos algo novo – e essa casa é muito melhor do que a fazenda. Eu estou aproveitando esse cobertor e meus biscoitinhos!"

Lula riu e disse: "Nós temos uma família, abrigo, comida e ainda fazemos aquilo de que gostamos. Nós somos os cães mais sortudos do planeta, graças ao fazendeiro!"

A expressão de Lula de repente se tornou sombria, como se uma nuvem pairasse diante de seus olhos. "Sabe que quando o fazendeiro nos apresentou aos outros cães e nós os treinamos, eu não conseguia entender que algo estava mudando. E aí, quando já era tarde e nós já estávamos no canil, fiquei com medo e depois com raiva.

"Como ele pôde nos abandonar depois de tanta dedicação e trabalho árduo? Quando nós começamos a conhecer novos cães como a Cora, só então pareceu que uma vida longe da fazenda poderia ser interessante e até divertida," disse Lula.

"Quando nós fugimos do canil e achamos abrigo no...MONDE, eu comecei a aceitar que as coisas que você mais teme podem ser melhores do que as coisas que você já conhece. Vocês concordam que a vida é sempre assim quando algo grande muda a perspectiva de como a gente vê o mundo?"

A essa altura, Sócrates já estava roncando e Chico, quase adormecido, só resmungou concordando. Lula estava ficando muito filosófico para os outros, que já estavam cansados depois de um dia trabalhando com o Tio Julio.

Lula deu boa noite a Milú e também caiu no sono, sonhando sempre com rebanhos, mas não na fazenda – agora os sonhos não eram sobre mais nada além do pastoreio no parque.

Conclusão

Lula, Chico e Sócrates conseguiram achar um emprego mesmo depois de o fazendeiro ter encontrado uma outra forma de suprir as necessidades da fazenda. Eles descobriram um novo propósito e novos objetivos por terem aberto os olhos a outras possibilidades que não haviam considerado antes. Isso é algo que todos podemos fazer e está se tornando aquilo que precisamos fazer.

Este problema afeta a todos nós – não só filas tentando achar uma nova carreira longe da fazenda. Assim como se torna mais possível terceirizar serviços a partir de regiões e países remotos, o escopo do que é possível se fazer à distância também cresce exponencialmente.

As empresas agora estão explorando todos os tipos de serviços que, antes, nunca poderiam ser executados à distância:

contabilidade, recursos humanos, pesquisa, análises legais, etc. O mundo está mudando rapidamente, e eu e você precisamos nos adaptar se quisermos ter um emprego no ano que vem.

A imigração também está aumentando, as pessoas estão mais dispostas a procurar melhores oportunidades e os que fazem as leis criam estruturas para facilitar o preenchimento de lacunas quando a experiência não existe.

A União Européia (UE) permite o movimento livre de mão-de-obra dentro de seus limites geográficos, mas planos específicos de governo frequentemente usam um sistema de pontos que decide se alguém pode ser um imigrante atrativo ou não.

Para resumir, se você tem boa experiência profissional e algumas qualificações, então é bem provável que você possa trabalhar em qualquer lugar do mundo e conseguir um emprego.

Quem Mexeu No Meu Emprego?

Quando o irlandês John Jenkinson – avô de Mark Kobayashi Hillary, co-autor deste livro – foi para a Inglaterra à procura de trabalho nos anos 50, a maioria dos nativos geralmente odiava os irlandeses. Proprietários colocavam cartazes na frente das suas casas que diziam: "Proibido Negros, Cães e Irlandeses" – às vezes, a ordem desse critério variava, pois na época todos os três eram desprezados da mesma forma.

Atualmente, por conta de uma série de fatores que incluem disparidades econômicas e transporte aéreo de baixo custo, imigração continua a ser um grande problema para muitos países. A Europa ocidental, está preocupada com imigrantes da Europa oriental. Os EUA, por sua vez, têm se preocupado há anos com a imigração mexicana.

Mesmo que a opinião pública sobre a imigração seja invariavelmente negativa e reflita o sentimento de que "os estrangeiros vêm aqui para trabalhar por menos e roubar nossos empregos", a realidade é que ao longo deste século a maioria das nações desenvolvidas assistirá a uma radical mudança demográfica. A proporção de cidadãos aposentados vai aumentar drasticamente e o número de cidadãos profissionalmente ativos que contribuem com impostos vai diminuir.

Por exemplo, até meados deste século estima-se que menos da metade de toda a população da Alemanha será economicamente ativa. A maioria será composta de idosos ou crianças, nenhum deles contribuindo para as finanças públicas. Então, como um país desenvolvido como este pode continuar a esperar que a economia cresça e, ao mesmo tempo, manter o bem-estar dos cidadãos?

Algum movimento de imigração e algum tipo de terceirização internacional de serviços se tornarão imprescindíveis para que os países que enfrentam estes desafios consigam continuar sendo competitivos e tendo uma posição econômica relevante no século XXI.

Assim como tem demonstrado a história dos EUA, a imigração pode moldar uma nação, beneficiar a economia e enriquecer o tecido da sociedade. No Reino Unido, por exemplo, as comidas mais populares vêm da Índia, e a maioria dos heróis no esporte nasceram em diferentes países do Commonwealth.

O debate sobre terceirização internacional e imigração precisa ser considerado dentro do contexto de como o trabalho em si está se modificando. Assim como os filas desta estória, um futuro alternativo sempre existe, mesmo que não seja óbvio.

Você se lembra que até bem pouco tempo atrás costumava pensar que a carreira em que você foi treinado para desempenhar, e talvez até foi para a universidade para estudar, não mudaria nunca? Agora, porém, é fato consumado que muitas habilidades aprendidas numa década se tornam obsoletas na seguinte. Um diploma de faculdade não representa mais uma passagem segura para o sucesso profissional.

Quem vive nos países de economias mais desenvolvidas e países em desenvolvimento acelerado como o Brasil precisa levar em consideração quão profundamente as expectativas da sociedade precisam mudar. Sistemas de segurança social e impostos talvez precisam ser desmontados e reconstruídos. De fato, aposentadorias fornecidas pelo governo brasileiro já estão num nível tão baixo que torna a subsistência quase impossível.

O conceito de educação no Brasil também terá de ser reconstruído, juntamente com a necessidade de se estudar pelo resto da vida – não o tipo de educação atual que se pode optar por abandonar no final da adolescência.

O aprendizado de línguas estrangeiras – ao menos a língua inglesa – em escolas brasileiras também deve ser transformado e apresentado a estudantes como uma ferramenta de suprema importância em qualquer profissão, dada a presente expansão econômica do Brasil e sua crescente exposição à dinâmicas de trabalho globais.

Mas também existem oportunidades. A profunda especialização desenvolvida em economias mais maduras significa que é o equipamento produzido lá que os fabricantes chineses e indianos usarão quando quiserem o melhor. Empresas do mundo inteiro vêm a São Paulo, Londres ou Nova Iorque quando querem aumentar o seu capital através da venda pública de ações. Especialização e experiência continuam sendo importantes porque valor e custo são sempre medidos de forma diferente.

Prever o futuro é impossível, mas existe uma certeza: se o presente ritmo de desenvolvimento continuar, o Brasil provavelmente será a terceira maior economia do mundo nas próximas duas décadas.

Para os chineses, a China está renascendo e a Índia não fica muito atrás. Países mais maduros poderão coexistir com nações em rápido desenvolvimento, mas não podemos supor que o mundo continuará sendo aquilo que foi no século XIX ou XX – a era da hegemonia européia e americana. E quem ainda se apegar a esta idéia, logo acabará se perguntando:

"Quem mexeu no meu emprego?"

Quem Mexeu No Meu Emprego?

Comunidade

Para mais informações sobre este livro e seu autores, visite as comunidades online de "Quem Mexeu No Meu Emprego?" no Orkut, Facebook e LinkedIn. Lá, você poderá ler mensagens dos autores, discutir suas impressões sobre o livro e interagir com outros leitores. Nem precisa se *cãocentrar*, e só acessar:

www.whomovedmyjob.com